GAINEAMH SÉIDTE

GAINEAMH SÉIDTE

Jackie Mac Donncha

Cló Iar-Chonnachta
Indreabhán
Conamara

An Chéad Chló 2003

© Cló Iar-Chonnachta 2003

ISBN 1 902420 85 3

Dearadh clúdaigh: Angel Design
Dearadh: Foireann Chló Iar-Chonnachta

Bronnadh duaiseanna Oireachtais ar chuid de na dánta sa leabhar seo.

Tugann Bord na Leabhar Gaeilge tacaíocht airgid do Chló Iar-Chonnachta

Faigheann Cló Iar-Chonnachta cabhair airgid ón gComhairle Ealaíon

Clóchur: Cló Iar-Chonnachta, Indreabhán, Conamara
    Teil: 091-593307 **Facs:** 091-593362 **r-phost:** cic@iol.ie
Priontáil: ColourBooks, Baile Dúill, Baile Átha Cliath 13.
    Teil: 01-8325812

Do mo bhean, Frances (†2001),

agus do mo chlann,

Cormac, Deirdre agus Seán

Clár

Tóg d'Am

Dúin an chomhla
go ciúin
agus fág ar an laiste í.
Ní fiú glas a chur.

Ná bíodh do shluasaid
ródhian
ar an ngrua.
Ní fiú bheith maisiúil.

Ná bíodh fuadar fút
amach
an geata.
Cá mbeadh do dheifir?

Nach mb'fhéidir gur tú féin
a bheadh ag glaoch orm
ar ball
ag impí orm

Fanacht leat
go mbeifeá liom
síos an bóthar caol
driseach.

Iarsma

Bhí mé gaibhte síos
Chomh fada is a bhí ann.
An leac buailte agam
Leis an sleán.
Fód siocfhuar na leice
Caite amach ar bruach
Nuair a chonaic mé an tobairín cailce
I bhfíoríochtar an fhóid.
Rian sú an tobac
Fós
Ar an taobh istigh.
Boladh an deataigh
Im pholláirí
Beagnach.

Agus smaoinigh mé
Ar an mbéal a tharraing
Nó an drad mantach
A dhiúl
Agus i m'intinn chuir mé paidir bheag
Le hanam na marbh.

Agus mo bheannacht
Leis an té úd a dhearg
Agus a chaith a ghail
Ar a shuaimhneas.
Ach a bhí anois
Ina luaithreach.
Mar a bheadh múnla a phíopa
Sa bhfód dubh
Ar ball.

Tonnadh Taoille

Tréad capall, geal mar sneachta,
moingeanna ag damhsa sa ngaoth,
ag reathaíocht id threo
ar tí satailt ort.
Ach go tobann stopann
le humhlaíocht.

Tréad eile ina ndiaidh,
agus tréad eile fós.
Tréad i ndiaidh tréada
ag aoireacht ar an trá i Maínis
sa ngála.

Sínseáil

Cúpla clár péine bháin
sínte taobh le taobh
sa ngarraí beag
ar chúl tigh Mhary Val.
Cóilín Anaí
(fear a dhéanta)
ag tomhas agus
ag gearradh.

Rithim sáibh ar adhmad.
Rithim casúir ar thairní.
Tobac
píopaí cailce
coinnle geala
saitín dubh
ribín bán.
Fíor na croise.

Píosa de chlár
fágtha.
Cén úsáid
fuílleach
cónra?

Fainic

A bhuí le Dia
tú ar ais
aríst
bliain eile.

Bhí mé i m'Eoghainín
ag fanacht.

Ach ar a bhfaca tú riamh
a bheainín bheag uasal
ná tuirling.

Agus b'fhéidir
go mbeifeá ar ais
aríst
bliain eile.

Tá's agatsa
céard a tharla
don traonach.

?

Cén t-údar a dtéann na hormóin seo
in aimhréidh
dom chiapadh
agus an *sap* ag éirí
as a phluais
gheimhridh.

Nár chóra dom
bheith i ngreim i láí
ag iompú fóid
ar sceallán
ag slíocadh grua
iomaire.

Ná bheith i ngreim
i bpeann
ag scríobáil ar pháipéar
nach gcuirfidh bachlóg amach
choíche agus
nach mbainfidh fómhar
go brách.

Leasú agus Athleasú

Leoraí *bale*anna
thar bráid
a bheathós bó
a fhágfas
an fuílleach
ina bhualtrach
mar aoileach.

A fhásfas féar
a dhéanfas *bale* eile
do bhó eile
a fhágfas
an fuílleach
ina bhualtrach
mar aoileach.

Nach maith ann
an bhualtrach.

Imirce

D'fhan sé ag faire ar an mbus
go ndeachaigh sí as amharc
le fána
ag an Áth Íochtair.

Thaispeáin sí aríst
ar Dhroim an Chriathraigh.
Ach i gceann nóiméid
bhí a chéad iníon imithe
as amharc.

D'iompaigh sé ón bhfuinneog agus
shuigh le taobh na tine
a chloigeann ina dhá láimh
agus chaoin.

Mar go raibh mé óg
cheapas nár chóir go gcaoinfeadh fear
ach anois
agus mé gar don aois
a bhí seisean
tuigim.
Cé nár imigh éan
as mo nead
fós.

Rómánsaíocht

Tá sé lá agus oíche anois
leis an raicleach.
An rálach.
An striapach ríoga.
Lena muineál eala.
Lena muing órdhonn.
Lena fabhraí preabarnacha.

Cuireann a maorgacht
éad orm.
Olc orm.
Eagla orm.

An rógaireacht sin sa tsúil.
An fuinneamh ina leath deiridh.
An stiúir atá fúithi
a chuirfeadh cathú ar an sagart
a mhic ó
agus ar an easpag.

Scorachaí an bhaile
ag seitreach
gur bhreá bheith
thuas uirthi.
Seanleaids ag cangailt
cois claí.
Ag smugairleáil
gur bhreá an mharcaíocht í.

Ina dhreolán aici.
Dá chloí.
Dá chéasadh.
Dá chiapadh.
Dá slíocadh.
Dá cuimilt.

Prislíní leis
le dúil inti.

Má thugann an scubaid seo
an chraobh choscair léi
ó Rásaí na Gaillimhe
is cúrsaí
divorce é.
Cinnte.

Abhainn an Damba

Éalaíonn sí amach as Loch Salach
go ciúin
ar bharraicíní.
Sníonn le hais na bhfear ar an bportach.
Níl bac níos mó ag an Damba,
tá na comhlaí imithe le sruth
le céad go leith bliain.

Titim bheag le fána
crónán beag ar dtús.
Ansin
ceolchoirm glórach san eas
ag tigh Antoine Mhic.
Áthasach
nach bhfuil de dhualgas uirthi
rotha an Mhuilinn a chasadh
níos mó.

Slóchtach.
Cársánach.
Osna tar éis na hoibre.
Scaoileann síos í féin
síos le taobh tigh Andy.

Cúthail.
Cúramach
trasna an bhóthair
faoi scáth
dhroichead d'Arcy.
Sábháilte ar an taobh eile
i dtalamh Joe John.

Cúrsa na slat rite
ligeann scíth.
Casann leis an mbradán
ar a bhealach suas.
Tagann chuici féin.

Míshuaimhneach.
Ocrach anois.
Ach
céard a bheathaíonn í
gan oiliúint
gan chothú
gan bhanaltras?

Nuair a osclaíonn sí a béal
i gCrompán na bhFiann
tá bord ansin
thar maoil le
diúilicíní.

Achainí

I seomra feithimh ospidéil
Oíche Nollag beag
a tháinig sí chugam
le taise Phadre Pio.

Shín chugam spuaic
agus dhúin mo láimh.
An stigma anois
ar chroí mo bhoise.

Níor iarras ar Dhia
mo pheata a leigheas.
Ach d'iarras air
an chrois throm
a thógáil den ghualainn óg
agus í a leagan
ar mo ghualainnse.
Go n-iompróinn í
go gliondrach
fonnmhar.
Ní in aghaidh mo thola
mar an Coiréineach.
Agus chreid mé
go dúthrachtach
go n-aireoinn an meáchan.

Séasúr úr ar ghoirt an bhaile
mé fós ar chosán Chalvaire.
Ach mo léan
is ar mo pheata atá an chrois fós.
Agus ní ormsa.
Faraor.

Mordán

Dá mbeinn i m'fhaoileán
d'éireoinn
agus gan stad
sheasfainn ar bharr
Mhordán maorga.

Chuirfinn caidéis ar na néalta
agus ar na réalta
agus chroithfinn lámh
le fear na gealaí.

Nífinn m'éadan
i ndrúcht draíochtúil
na maidine.
Thriomóinn sa bhfraoch
agus sa bhfiataíl.

Amharc aerach
soir, siar, thuaidh, theas.

Thógfainn pictiúr le mo shúil
réalóinn i m'intinn
agus
thaispeánfainn don domhan mór
a bhfaca mé.

An tAmhránaí

Gruaig mar a bheadh fiataíl.
Baithis mar leac.
Grua mar
aill eidhinn.
Srón mar chreig.
Leiceann mar thaobh aille.
Béal mar
shruthán ceolmhar.

Múnlaithe
ag fear na ceirde
an dealbhóir
as cloch eibhir Chonamara
in Aird an Chaisleáin.

Nasc

Chonaic mé í ag guairdeall
thart ar an tsráid.
Trom leis an ubh
a bhí á cumhdach aici.
Í ag dearcadh suas sa spéir
le go leagfadh sí súil
ar a leathchúpla
a bhí ar a turas ar ais
go dtí an domhan thiar.

Thart ar lá fhéil' Mhic Dara
buailfear cnag
ar bhlaosc na huibhe
agus tiocfaidh an t-éan beag
ar an saol.

An leathchúpla
nárbh fhéidir léi a fheiceáil
mar gheall ar na néalta
bhí ubh á cumhdach
aicise
ach ní raibh chomh trom.

Thart ar lá fhéil' Ciaráin
buailfear cnag
ar bhlaosc a huibhese
agus tabharfaidh éan beag eile
aghaidh ar an saol mór.

Trí mhíle míle á scaradh
ach dhá éan tagtha
as dhá ubh
a tháinig
as ubh
amháin.

Slán le Loch Con Aortha

D'fhág muid Loch Con Aortha ar maidin.
Amach Cosán an Railway
a thug muid aghaidh.
Gach coiscéim shiúil
mé fhéin agus John
an cosán céanna a shiúil na céadta
na céadta bliain romhainne.

Ach bhí muide mall.
Bhí traein an Chlocháin imithe
le trí scór bliain.
Gan fiú rithim ar ráille
ag baint macalla as cnoc ná gleann.
Ní raibh fágáil slán ná fáiltiú.
Ní raibh muintir na gcnoc
le lámh a chrochadh
ar a mbealach chun an bhaile mhóir
ná fiú puth deataigh ag síneadh.

Ní raibh rian cos na bpéindlíthe
thart ar an gCarraig ná rian glún.
Ní raibh sagart ag fanacht lena thréad a threorú
an cosán ceart.
An t-aifreann thart
an slua scaipthe
le trí chéad bliain.

Ach nárbh é John a changail an ordóg
an mhaidin sin
nuair a mhol sé na slata a thabhairt linn
mar gur chuala sé ag a athair
go minic
go raibh an-iascach
ar Loch an Bhuí.

Chaithfeadh muid an t-am
go bhfillfeadh an traein.
Go mbeadh an máistir stáisiúin
ag breithniú na dticéad.
An póirtéir ár stiúradh.

Rithim aríst ag traein
ar ráille
ag baint macalla as cnoc is gleann.
Muintir na gcnoc
ag crochadh lámh
ag fáiltiú romhainn
chun an Bhaile Mhóir.

Agus súil againn beirt
go mbeadh rian ár gcos fágtha againne
do na chéad taistealaithe eile
ar Chosán an Railway.

Feisteas

Nigh sí do chulaith scoile
inniu
den uair dheireanach.

Agus ní mé
an airíonn tú
an t-uaigneas
mar a airímse.
Nuair a fheicim
an braon spíonta sin
ag silt
as do gheansaí
agus á shú
go cíocrach
ag an bhféar glas.

Nach muid a ghearr
go cúramach
an lá úd
le go bhfeilfeadh
an t-éadach
a cheap muid a bhí
dochaite.

Ach cheana fhéin
tá in am
gearradh aríst

Agus ní mé
an airíonn tú
an imní
mar a airímse.

Imní
cén sórt culaith'
a ghearrfas
an saol
duit.

Aoine an Chéasta

Lá seo an troscaidh
is an tréanais
is ár gCarghas
ar thob scoir.

Kaleidoscope sólaistí Cásca
cruachta
as máilíní ildathacha
an Superstore.

Scaip mé craobhacha
pailme
faoina cosa
nuair a d'ofráil sí
pár
mar bhronntanas
dom shaoradh
óm sciúrsáil.

Ní thiomáinfinn tairne
ní iompóinn fód
inniu . . .

Ach fuair an craos
an ceann ab fhearr
ar an bhfuil is
ar an bhfeoil
is ar an íobairt.

Mar gur lá síl é
ní dóigh gur bhris an truán seo
a Charghas
le siolla
nuair a leag sé an peann
ar an bpáipéar.

Soipínteacht

An bhfeiceann tú siar iad?
An bhfeiceann tú siar iad?
Lena gcuid soipíní suaracha
ag ligean orthu féin
go bhfuil siad ag déanamh rud éicint
a bhfuil tábhacht éicint ag baint leis.
Siar agus soir, agus siar agus soir
ag sciolladh ar a chéile
agus ar chuile dhuine eile.
Ag déanamh gaisce.
Ag ligean ceirde orthu féin.
Ag caint ar thógáil tithe
is micseáil suiminte
is leagan blocanna.
Nach ligfeadh a gcuid díomais dóibh
iarratas a dhéanamh ar an Roinn
ar chead pleanála
ná fógra a chur i bpáipéar
mar a dhéanfadh duine eile.
Nó cúpla punt a chaitheamh chuig créatúr éicint
le plean a tharraingt dóibh.
Ní chloíonn le riail ná rialacháin.
Muinchillí craptha suas acu.
Rúileanna ina gcuid pócaí tónach
is pinn luaidhe ar a gcluasa.
An bhfeiceann tú siar iad?
An bhfeiceann tú siar iad?
Sop i ndiaidh soip i ndiaidh soip?

Níl an *friggin* Bunreacht féin acu
ná *curriculum vitae*, ná VHI.
Mangarae Monday déanta acu den chóras
ach do dhúshlán breathnú orthu
ná ar a gcuid árasán galánta.
Ní bheidh dá bharr agat ach
cac i do shúil.

Galar

Las a shúile go mínádúrtha
ina éadan tarraingthe
ag cúig nóiméad chun a hocht
an oíche Shathairn sin.
Agus níorbh é an donacht
ba shiocair
leis an gcreathadh
a bhí ina lámha.
É ag marcáil na n-uimhreacha
ceann i ndiaidh cinn.

Ní féidir trí uimhir féin a fháil
ar sé
go díomách.
Ach tá seans fós agam
leis na trí réalta.

Fuair sé a ghlao
seachtain ina dhiaidh sin
go díreach
chun an Rotha Mór
a chasadh.
Ar an taobh
thall.

Faoiseamh

Thabharfá an leabhar
gur ag tóraíocht
ruidín beag a chaill sí
a bhíodh sí.
A ceann cromtha
lúb ina droim
a smig ar a cliabhrach.

Meáchan an chléibh
b'fhéidir
a cheap sí
bheith fós
ar a droim.

Nó meáchan
an tsaoil
féin
lena chuid trioblóidí.

Í féin
a dúirt
gur chrom Dia an droim
don ualach.

A shliocht uirthi.
Nuair a cailleadh í
dhírigh sí.

Mo Hiroshima

Beag beann againne
ar Aill mhór na Méaracán
lena cuid tuláin
is mulláin
is méaracáin.

Laochra gasta in éide cogaidh
armáilte go fiacail
le cleitheanna giolcaí
is armlón péiste aoiligh.
Réidh le slad a dhéanamh
ar bhric rua Thamhnaigh.

Líonfaí na málaí
agus dhéanfaí gaisce an oíche sin
ag crosbhóthar
faoin ár a rinneadh ar bhric
a ghabhfadh san an-mhéid
le hinsint scéil.

Ach ní scaoilfí an rún.
Ní luafaí an sléacht.
Gur loiteadh colainn
le hóige is díchéille
is le seanscian bheag phóca
ar shleasa neamhurchóideacha
Leitir Padhbram.

Chuas ar a thóir le gairid
go bhfeicfinn an raibh ár gconradh
fós daingean.
Ar thóir deimhneachta
is sásaimh intinne.

Mo chreach
nár fhan i gcompord
an aineolais.

Ní chloisfinn ansin an chreill ag bualadh.
Ní fheicfinn ansin an creatachán ar shlat a dhroma
ná seangáin ag diúl iarsma cneá.

Seo anois mo Chill Chais
mo Chernobyl
mo Hiroshima beag
féin.

Bliain na nAosach 1993

Sa lorg sin,
idir na malaí
is snáth mara
na gruaige,
tá saol
an tseanfhir
treafa.

Mapáilte.
Straidhpeáilte.
*Wire*áilte.

Anró agus
fraighfhliuchas an tsaoil
ina bhraon marbh
sna glascanna.
Ag sileadh isteach
i lorg chosa na gcearc
a spáineann
gur gháir na súile
tráth.

Claí bearnach anois
nár dhúin bearna
riamh
ar bhailitheoir seanchais.
Agus cárta beag
fós i dtaisce aige
a deireann go bhfuil
an Roinn buíoch.

Roinn eile anois
ag tógáil na sraithe
ar bhoiscín adhmaid
atá fíorchosúil
lena bháidín
atá ag fanacht le taoille
ar an trá thall.

Yankee Doodle Dandy

Diabhal duine dá ndeachaigh thairis
nach raibh ag gáirí faoi.
É ina scaoinse ar thaobh na sráide
faoi fhuinneog shiopa na leabhar
in Upper Dominick Street.

É mar rón a mbeadh an taoille imithe uaidh.

Cuid acu ag cogarnaíl
is ag sá uillinneacha ina chéile.
Gur chóir dó é féin a bhearradh
is a níochán.
É féin a *tidy*áil suas.
Shape éicint a chur air féin.
É i lár shéasúr na turasóireachta.

Trasna an bhóthair uaidh
scar an Yank mór a chosa
ag baint taca as an mballa a bhí ar a chúl
agus dhírigh sé an *35 millimetre zoom*.
D'fháisc a cheap magaidh
go cineálta
ar fhaitíos go ngabhfadh an t-urchar amú.
One for the album.

Go siotgháireach
dhún sé a chása leathair
ar an bhfear treibhe
agus d'iompair sé síos an bóthar é.
Beag meáchan a fuair sé ann.

Ach tháinig an taoille faoin rón
agus ghlaoigh sé ar ais air
is bhuail a lapaí ar a chéile
in arraingeacha
ag gáirí
agus d'iompaigh chuile chloigeann
in Upper Dominick Street.

D'oscail an rón a chlab.

Hey you,
Yank,
your fly is open.
Want me to take a picture
of your dandy doodle, boy?

ID

Cheap mé gur chuala mé
ag caoineadh aríst
aréir í.
Olagón uaigneach
na bpíob
i ndoimhneacht
na hoíche.
Mar a bheadh sí
ag caoineadh na marbh.

Ach téann a teaghlach ársa
siúd i bhfad siar.
Fios aici go maith
nach gá bheith ag caoineadh
na marbh.

Ba é an meaisín folamh
agus scuainní cois balla
agus méisínteacht daonna
a bhí sí a chaoineadh.
Agus an dalladh púicín
a threoraigh
i dtreo an
Phóirse Chaoch iad
agus a d'iarr
cárta aitheantais.

Bhí sé ar an Nuacht
ar maidin.
Chuir siad an milleán uilig ar
'New Technology'.

Bhí suáilceas sa teach seo
tráth.
Agus chreid sí i gcónaí

nach raibh tada
chomh luachmhar le
leanbh óg.

Caoinfidh sí aríst.
Anocht.

Aíocht

Teas breá amach tríd an oscailt bheag ghloine
nuair a d'fhiafraíos den phóirtéir
an bhfuil moill ar an traein.
É á ghoradh féin cois tine
bhreá ghuail.
Mé préachta leis an bhfuacht
'Uair an chloig eile.'

Gan comrádaí agam
ach seanbhean den lucht siúil
a tóin ar an gcoincréit fhuar
buidéal ina láimh
páiste ina baclainn.
Í ag gabháil fhoinn
ceithre amhrán ag an am céanna.
Slog as buidéal
idir gach líne.

Áirse iarainn ag trasnú ráille
a bhí sleamhain
le sioc
lárgheimhridh.
Dathanna fuara
coincréit fhuar
gaoth nimhneach
ag timpeallú.

Tá sé coimhthíoch
ag feitheamh ar thraein
ag stáisiún
Chúl an tSúdaire
Oíche Nollag.

Comhar Creidmheasa

Bhuel
dá bhfeicfeá an *wag* a bhí ina thóin.
É chomh leitheadach
le fear a mbeadh na céadta
ag obair faoi.
É á mhéadú féin
á leathnú féin
in aon turas
le faitíos nach bhfeicfí é.

É ag máirseáil
síos agus aníos
idir an dá líne carrannaí
a bhí páirceáilte taobh amuigh den chlinic.

Geimp eile anois air
mar mhaor tráchta
ag breathnú ar na fuinneoga
aireach ar an gcáin.

Chaith sé tamall
ag breathnú ar chárta beag plaistic
a bhí caite ar an *tarmac*.
San airdeall anois
le faitíos go bhfeicfí é
sular phioc sé suas é.

Mar nach bhfaca sé aon *phass machine*
sa gcomharsanacht
sháigh sé an cárta isteach i bpoll
sa seansimléar.

Agus mé á rá liom féin
gur iontach an saol é
nuair a fheiceas tú nead
á déanamh
le *credit card*.

Cúirtéireacht

Tá do rogha anocht agat
más fireann
nó baineann
duit.

Jock Scott nó
Olive nó
Peter Ross.

Ach seachain an liopáil
is an
Connemara Black
is ná bíodh an iomarca fad
ar do theanga.

Nó is gearr go mbeidh tú
scartha
ar an mbruach
gan folach ort.

Ceisteanna

Cén tocht a phóraigh
i lár chroí beag an bhuachalla
a líon a shúile le huisce
a dhoirt gan smacht
nuair a d'ísligh siad síos
a chomharsa
as amharc
ar chúl an charnáin?

Trí scór agus tuilleadh
de bhlianta eatarthu.

An mba nádúr
nó instinn
a thug ar an bhfeithide
chaol
ghránna
chéadchosach
sciuird a thabhairt le fána
an charnáin
agus í féin a streachailt
as bealach
na sluaiste?

Tinneas Farraige

Nuair a bhí mé óg
bhínn féin agus an fharraige
ag triceáil le chéile.
Í ag diabhlaíocht
nuair a chuirinn cloch mhín
ag sciorradh
ar a leiceann
glanbhearrtha.

Chaitheadh sí tonnáin bheaga
ar ais chugam
dom spreagadh
ag spáint go raibh
fonn spraoi uirthi.

Tá craiceann na farraige
níos gairbhe
inniu.
Braithim blas uisce na bhfataí
ar a béal.
Roic ina héadan.
Creathán beag sa liopa.
A haghaidh cúrtha.

Níl an t-éirí céanna fúithi
is a bhíodh.

B'fhéidir nár thuig mé
i m'óige.
Nach raibh mé sách meabhrach.

B'fhéidir nach raibh sé ceart
ná cóir
cloch a chaitheamh
leis an bhfarraige.

Ní Tada Muid

D'fhéadfá a ghabháil amú
sa gcoill chumhra seo
i bhfad ón am
is ó fhear an phoist
ó aghaidheanna galánta
is gaolta
i bhfad amach.

Ó scrupaill choinsiasa.
Ón tsoipínteacht.
Ón mbródúlacht.
Ón gcloch mhuilinn.

Ach thiocfá trasna
ar do chloch mhíle
i seanchrann crapchosach
a cuireadh ar an tanaí
is nach bhfuair an fhaill
a ghabháil síos.

Nach beag le rá
ár ngaineamh
is ár suimint
gan chréafóg.

Gan chréafóg
ní tada muid.

Easpa

Feictear dom go bhfuil tú fós
chomh hamhrasach
leis an diabhal
ort féin
théis a bhfuil ráite acu.

Caitheann tusa
i gcónaí
do lámh a shá sa bpoll.
Radharc fola a fháil.

Nach bhfeiceann tú
gur tú féin atá
ag casadh na scine
a sháigh tú.

Ba cheart go dtuigfeá
faoi seo
nach gcneasóidh an gearradh
go brách
má choinníonn tú
ag piocadh air.

Aithníonn Ciaróg Ciaróg

An bhfeiceann tú
rud éicint
ar an taobh eile
de na réaltaí?
D'fhiafraigh sé.
An bhfeiceann tú
rud éicint?

Ach bhí cúpla pionta
ólta
agus cuireann daoine
aisteacha
ceisteanna aisteacha
gan chiall
i bpubanna.

Ach le fonn réitigh
sheas mé amach
is bhreathnaíos
suas.

Is ar ndóigh
ní fhacas
tada.
Fiú réaltaí.

Cés moite den bhád mór
faoi sheolta
ag tarraingt Mercedes a bhí
rite amach
as peitreal.

Agus céard a bhí aisteach
faoi sin?

Lonnaitheoirí

Cén fáth an oiread
cuairteoirí
ag triall
ar theaichín beag
amháin
nach bhfuil áit casta
istigh ann?

Ach nár áirigh mé
a hocht, a naoi, a deich . . .
Gan aon ag teacht amach.

I mo dhímheabhair
thóg sé trí lá
gur thuigeas
go raibh cúldoras
sa teaichín marbh sin.

Gaineamh Séidte

An lá ar cuireadh Cóilín Fhínse
níor chaoin aon duine.

Ar bhealach éicint
níor fheil sé
go mbeadh gol ná olagón
ar shochraid an tseanfhir aeraigh.

Cé go raibh seanbhean i measc an tslua
ar éalaigh braon síos le fána
a héadain iomairigh.
Mar mhoghlaeir cloiche
ag sciorradh le fána cnoic.

Oiread na fríde de smaoineamh
b'fhéidir
a rinne a bhealach aniar
trí bhóthar caol, casta,
na mblianta
na haoise.
Agus a chaith amach anois
mar dheoir ghoirt
ar fhéar glas
reilig Mhaínse.

Níorbh é an áit é le
'*Up McDonagh*'
a rá
nuair a leagadh síos é
le taobh a dheirfíre
i ngaineamh mion, mín, bán
na reilige.
Nach gcloistear torann cloch ann
ar chónra.
Nach dtiteann créafóg
ar adhmad.

Ach an rud nárbh fhéidir
tharla sé gur fháisc deora goirte
as croí na gcloch glas
sa timpeall.
Agus chrom an t-oileáinín beag bánaithe
a cheann
gur leag a bhaithis
ar an bhfarraige
le cumha
i ndiaidh a mhic.

Bhí an Flowerín* á luascadh féin
síos
agus aníos.
B'ise an bhean chaointe.

Thug Máire Rua* sólás di
le leagan láimhe
agus dúirt
'Níl fágtha anois
ach tusa
agus mise.
Agus mairfidh muide
go brách.'

*Dhá amhrán a chum an seanfhear.

Réamhtheachtairí

Nach bocht an lá é
don tráth seo
den bhliain
deir sé.

Drúcht
ag spréacharnach
ar an bhféar glas.
Caoch álainn.

Smólach gnóthach
ag tap, tapáil
áras seilmide
ar chloch
ag ullmhú
i gcóir
an dinnéir.

Lao óg ocrach
ag léimneach ó
shine go sine
ag tóraíocht
a mhama.

Uan óg ag pramsáil
damhsa.
Buíoch
bheith beirthe.

Céad seinm cuaiche
i gcomhcheol
le séirseálaithe
na maidine.

Nach bocht an lá é
don tráth seo
den bhliain
deir sé.

Ó, nach beag
atá a fhios ag cuid acu
faoin aimsir.

Marc an Aonaigh

Sheas sé i gceartlár an aonaigh
lárphointe an fháinne
a bhí ina thimpeall.
Fathach mór
lúfar láidir.

Léine nua as an bpíosa
striallta go himleacán.
Cnaipí ag róláil ar fud an bhóthair.
Barriallacha a bhróg
scaoilte.

Géaga mar chrainnte ag luascadh sa gcuaifeach
ag gabháil deiseal is tuathal
agus thart timpeall
a chuir ré roithleagán i mo cheann.

Agus d'iarr sé amach iad.
É ag gabháil ó éadan go héadan
ó shúil go súil.
D'iarr sé amach iad
ina nduine is ina nduine
idir fhir, mhná is pháistí.

(Thum seanfhear barr a mhaide
i leaba the na bualtraí
agus d'fhág an branda
ar m'intinn.)

Dom chur chun suain
an oíche sin di
d'fhiafraíos aríst
dem mháthair
cén t-údar nár cheangail sé
barriallacha a bhróg.

Nach fánach mar a bhainfí
leagan as.

Ná Maraigh Mé

Tóg mo chroí.

Tóg mo lao.

Tóg mo TV agus mo CD.

Tóg mo Charra Léith.

Tóg mo Phluid Dhorcha.

Tóg an splanc de mo chois.

Tóg an ceann den teach.

Tóg an blas de mo bhéal.

Tóg mo chóta báistí is mo phéire *wellingtons*.

Tóg mo chuid potaí.

Tóg an draein atá sa ngarraí bán.

Tóg an claí ar gharraí an arbhair.

Tóg mo sheolta.

Tóg m'áit.

Tóg mo chuinneog is an t-uachtar den bhainne.

Tóg mo chnoc is mo ghleann.

Tóg d'am.

Tóg go bog é.

Tóg an mhóin.

Tóg mo phictiúr.

Tóg mo *bhlood pressure*.

Tóg an braon deireanach.

Ach

impím agus achainím ort ná

Tóg mo shlat iascaigh.

Ní mhairfinn

dá huireasa.

Dán

Is dóigh nach ón láimh
ná ón bpeann
a thagann dán.

Is dóigh nach ón gcroí
ná ón ngaoth
ná ón anam.

Is dóigh nach foláir
an báidín a shá
agus a ghabháil amach
ar an doimhin

an dorú a chaitheamh
agus fanacht

le haireachtáil.

Newsflash (Eanáir 1991)

Tuar na tintrí
agus na toirní
a bhuail an loine
im ghoile.

Ach nach raibh Cnoc Mordáin
ar mo chúl
dom ghardáil
ar an urchóid
is ar an anachain.

Faraor géar má d'inis siad
riamh dúinn é
nár choinnigh acu féin é.

Maraídís a chéile más mian leo.
Nach iad féin atá ann
ar aon bhealach.

Ach níor thaitin
toirneach ná tintreach
riamh liom.

Thit mo leabhairín scoile
isteach sa lasair
nuair a d'fhógair an Nuacht
go raibh múr buamaí
théis titim
ar chathair ársa
Bhagdad.

Mairg

Ach ceird a bheith sa láimh
atá i ngreim sa bpeann
chuirfinn feoil mhéith
ar na cnámha feoite.
Shéidfinn anáil
sna scamhóga leáite.
Líonfainn amach
an aghaidh mheata.
Agus thabharfainn meangadh gáire
i gcomharsanacht
an bhéil.

Teaspach

Ní thagann aon athrú suntasach
ar dhreach na bportach
ó bhliain go chéile.
Tá an sleánadóir paiteanta.

An scraith a bhaineann ar an mbruach
socraíonn sa lagphortach í.
Ní fhaigheann sí bás
ach fásann
mar a bhí ar an mbruach.
Agus tugann seisean
teas lárnach bliana leis
abhaile.

Óid an Oireachtais 1997

Anois ó leag na saoir
an cíle seo i ngarraí na mbád.
Nach foláir
easnacha is cláir is craiceann
a cheangal
le hiarann is ócam
is seolta a líonadh
le gaoth an fhocail.

Anois ó baineadh an poll seo
i ngarraí lom na smaointe.
Nach foláir
an planda aoibhinn
a chothú
a fhásfas ard is díreach is géagach
a bheas ag luascadh
i ngaoth an fhocail.

Anois ó tógadh an teach fothúil seo
ar bhallaí fuara folmha.
Nach foláir
an bunsop a choinneáil síos
is leac fuinte an teallaigh lán
le séideán croíúil meidhreach
a fhágfas macalla síoraí
de ghaoth an fhocail.

Anois ó cuireadh an t-earrach seo
atá fós ag dul chun síneadh.
Nach foláir
an draein a thógáil is claí na hiothlainne a bhiorú
mar beidh fómhar ar ball ann
is fir is mná a bhainte
ag píceáil is ag sluaisteáil
ghaoth an fhocail.

Anois ó casadh thart an Lóchrann* seo
i mbliain thráthúil an cheiliúrtha.
Nach foláir
an tine a choinneáil fadaithe
is ábhar a dóite tirim
is spáinfidh an dá Lóchrann dá chéile
ceithre mhíle bliain
ón lá inniu.

*Cóiméad Hale-Bopp.

*Bhain an dán seo duais Oireachtais i 1997, bliain cheiliúradh 100
bliain an Oireachtais.*

Roy Rogers agus na hOutlaws

An-scannán sa halla beag anocht.
Cúpla ríoga na linne
Roy Rogers agus a chapall mór bán
agus gan an scilling againn i gcomhair an dorais.

Ach níor stop sin muid!
Plainc mór in aghaidh an bhalla
faoin bhfuinneog taobh amuigh.
Roy Rogers ar an gcapall mór bán
ar tí na houtlaws a cheansú.
Muid ar sceitimíní.
Nuair a las solas lonrach
inár súile.

Sciorradh go talamh
as go brách linn.
An cnoc amach a thug muid
agus é ar cosa in airde
inár ndiaidh.

Thug muid seans dó
a theacht níos gaire.
Ansin do na boinn aríst.
Fuinniúil.
Go ndeachaigh muid amú air
in Aill an Eidhinn.
Bhí sé fánach aige breith orainn
capall nó gan capall.

Sa halla beag
Roy Rogers ina ghlóire
na houtlaws ceansaithe.

Sa gcnoc
muide inár nglóire.
Na houtlaws saor fós
i measc na gcarraig
in Aill an Eidhinn.

Exodus

Táim cinnte gur lig
Noah isteach san Áirc thú
mar ainmhithe
agus éanlaithe eile.
Bhí méit agatsa
freisin
agus b'fhéidir
méit eile.
Le síolrú
le scaipeadh.
An domhan mór
mar nead.

Bhí mé báúil leat
mar níl nóta amháin
i mo dhrad.
Bhí dhá nóta agatsa
is cuma go raibh ceann acu
flat.

Níor úsáid mé *combine*
ní raibh agam ach speal.
An raibh mé chomh místuama
go ndearnas praiseach
de do nead?

D'fhág mé an fiántas
ina fhiántas
le súil go gcloisfinn
do scread.
An glór nach dtuigtear
is cuma ann
nó as
ach b'fhearr liomsa
cé nár thuigeas do ghlór
tusa ann
ná as.

D'fhág ár sinsir againn thú
rinne siadsan ceart.
Níl mise in ann
tú a fhágáil
ag an dream atá fós anseo.
Gan trácht
ar an dream atá
fós le theacht.

An scairdeitleán rialtais
nó sotachaí ag dul thar lear
a bhuail ar an mbealach
thú
ar do thuras
ar ais.
Nó bainisteoir bainc
a thug iasacht ró-éasca
mar gur theastaigh maisiú
uaidh fhéin
agus ón mbean.

Bhí do ghlór i dtiúin
le faobhar speile.
Ní raibh aicise ach
dhá nóta freisin.
D'imigh an speal
níor fhill tusa.
Ar cumha speile
deireadh
duitse.

Is fearr cara sa gcúirt
ná punt sa sparán.
Dá mbeadh cara agatsa
san áras thall
bheadh teach ag do chine
ar chuile chnocán.

Ach ní raibh dóthain áite
sa domhan mór seo
duitse.
Ní raibh brabach ar bith
i d'ál.
An choiscéim bheag sin
ar aghaidh
ar an ngealach
arbh abhóg ar gcúl
a bhí inti.

Dá bhfanfá
fiú cúpla bliain eile.
Tá deontas anois
an féar a bhaint
ón taobh istigh
amach.
Ach déanadh dearmad glan
inseacht duitse
nuair a baineadh an féar
ón taobh amuigh
isteach.

An teachtaire uafáis
a bhí ionat
ag tabhairt faisnéise faoi shaol
atá i ngeall le bheith thart?
Dá dtuigtí an dá nóta a bhí agat
an mbeadh fáil againn
an scrios deiridh
a sheachaint
ar fad?

Ar mhairtíreach eile
tusa
le brabach níos mó
a bheith ag fear
le meaisín níos nua-aoisí
a cheannacht
agus píosa a chur soir
agus siar
agus suas
as a theach.

Is cinnte go raibh tú ann
roimh an Díle.
Na mílte bliain.
Na mílte míle.
Luachmhar meanmnach
suáilceach, dáiríre.
Tá a mbreith tugtha
ag fir dheireadh an chéid seo.
Deireadh ré
duitse
roimh dheireadh
an mhíle.

Má thagann lá eile
amárach
beidh do phictiúr beag gleoite
i ngach teach.

Ach an mbeidh athair
in ann inseacht dá pháiste
'Is mise a rinne praiseach den nead.'

Níorbh fhéidir linn éan beag
a chothú
i dteachín beag bídeach
mar nead.
Tuigim anois do
dhá nóta.
'Scrios' agus 'Slad'
do dhá scread.

Nach suarach truamhéalach
an mac an duine.
Tá sé anois ag feadaíl
is ag ithe mine.
Ag impí ar éan
nach bhfuil ann a thuilleadh
teacht ar ais aríst
lena mhaslú
tuilleadh.

Cairde

D'aithníos ar do ghnúis an tráthnóna úd
is tú ag teacht faoin tairseach
nárbh é an dea-scéala a bhí leat.
Is dhoirt amach do chroí is d'anam
mar go raibh cloiste agat go raibh do chara óg marbh
i dtimpiste bhréan bóthair.

Gan foscadh ná dídean faoi chaolach an tí
ach an éagaoin ag dul ó bhalla go balla
is ó urlár go síleáil.
Is aríst dhoirt tú amach do chroí is d'anam
nuair a chuala tú ar an bhfón
nárbh í do chara óg a bhí marbh,
ach cara óg le duine éicint eile.

Tobar an tSaoil

Baibín Toole, Barbara Phaitchín, Grace Chuirrín,
go sócúlach ar chnocáinín d'fhéar glas
le m'ais.
A gcuid buicéad lán le m'fhíoruisce.
A gcuid gasúr ag léimnigh thar dhraein
a bhí ag leathnú le gach ionradh taoille.
Aineolach ar an saol a bhí le theacht.

An comhrá agus an spraoi thart.
Gach bean ag tógáil a buicéid féin.
Baibín ag gabháil soir.
Barbara ag gabháil siar.
Grace ag gabháil ó thuaidh.
An crompán goirt ó dheas.
Crompán an Mhaide.
Leanfadh a gcuid gasúr iad
ar ball.
Go macánta.

An sáile goirt im bhéal.
Taoille ard an rabharta.
John Phaitchín dom thaoscadh go grinneall
Dash aoil …
Mé glan.
Ag líonadh aríst
le m'fhíoruisce.

Brúchtadh mórtais.

Baibín, Barbara, Grace, a gcuid comhrá déanta.
A gcuid buicéad lán.
Ach iad uilig ag gabháil siar an uair seo
go garraí Mhártain.
Leanfadh a gcuid gasúr iad
ar ball.
Go macánta.
Cuid acu cheana fhéin!

Ní raibh namhaid agam ariamh.
D'fhreastail mé ar na ciníocha.
Cléir agus tuata.
Mhaolaigh mé tart na mbeithíoch.
Thug gasúir scoile cuairt orm gach lá.
Faoi dhó, nó faoi thrí

'Laethanta áirithe'.
Urraim agus ómós dom.
Agus dhóibh.

Díláithriú.
Féinchaomhnú.
Forlíonadh.

Táim ar creathadh anois
roimh thruailliú.
Mo chomharsana béal dorais,
ola, gás, ór, *uranium* . . .
Iad sealadach
mar a bhí na mná agus a gcuid gasúr.
Fiú mo ghaolta
ar sheilfeanna ollmhargaidh.

Is furasta mise a chaomhnú,
cé nach bhfuil mé luaite i mbunreacht na tíre.
Taoscadh.
Sciúradh.
Dash aoil . . .

Impím oraibh
a chlann an lae amáraigh
ó smior na talún
ó lár chroí na cruinne.
Scairtim oraibh!
Is mise an Saineolaí.
Tobar na Síoraíochta.
Tobar Chrompán an Mhaide.
Tobar an tSaoil!

Coinnigh glan mé
agus beidh mise
agus sibhse
fíor.

Mo Sheaimpín

Rásaí Leitir Móir
deireadh na gcaogaidí.
I bhfad ó Chluain Tairbh.
I bhfad ó Áth Fhirdhia is Chú Chulainn.
Beirt fhathach ar ardán
i bhfáinne cearnógach ag bocsáil.
Ardáin de na hísleáin, ísleáin de na hardáin.
Pléasc ag leathar ar leathar.
Mo chroí óg ag preabadh ina thintreach
ar fhaitíos go leagfaí dorna ar mo sheaimpín.

B'as Gaillimh an fear eile.
Seaimpín Chonnacht, deir siad.

Ansin d'fhógair an moltóir *draw*!
Ach, ar ndóigh, ní *draw* a bhí ann.
Bhuaigh mo sheaimpínse go héasca.
Seaimpín Ruisín na Mainiach.
Seaimpín an domhain an lá údan, domsa.
Agus chroith mé a lámh.
Cúig bliana déag is fiche ina dhiaidh sin
ag sochraid a dhearthára.

Lá Bealtaine 1997

Bhreathnaíos amach
tríd an bhfuinneog
ag ceithre nóiméad
chun a ceathair
ar maidin.

Agus chonaic radharc
nach bhfaca mé
ná aon neach eile
ó thús an tsaoil.

Agus nach bhfeicfidh mé
ná aon neach eile
aríst go brách
na breithe.

D'fháiltíos roimh
bhreacadh an
lae inniu.

Oilithreacht

Uirlisí adhmaid ag déanamh an cheoil.
Rithim ag maidí rámha
ar ghlambaí
ar chrogaí.

Máirtín Chóilín Choilmín (duine den triúr)
ag iomramh.

Beartla i ngreim sa téad
a caitheadh isteach i measc na gcloch cladaigh
in Inis Oirc.

Gasúir ag rith chugainn
tríd an bhfeamainn.
Gaolta
ag fáiltiú.

Iascach i measc na gcarraigeacha.
Biorán lúbtha ar phíosa *twine*.
Faocha mar bhaoite.
Portán breá eile ar deic.

Domhan eile.
Saol eile.

Ach deireadh ré
ag lámhacán,
ag treabhadh na dtonn
thar bóchna aniar,
a scuabfadh ár bhféile
thar bord amach
síos
sa duibheagán.

Aois na céille

Thugadh Dan cuairt orainn gach samhradh.
Luí éicint aige, deireadh sé, le fiántas scéiniúil sceirdiúil Chonamara
le cloch, le cuan, le fraoch, is portach.
Agus thugadh scéalta móra ar ais abhaile leis chuig ceartlár
Chathair mhór Chorcaí.
Is d'insíodh dá chairde mar a shábháil sé an garraí féir
an lá ar dhúin sé an geata in aghaidh cúig chéad caora amplach.
Is mar a shábháil sé garraí na bhfataí nuair a líon sé an bhearna le
moghlaeir' cloch eibhir.
Luí aige leis an Atlantach freisin, deireadh sé.
Is ar ndóigh, d'éiríodh croí na máthar
nuair a thógadh Dan an gasúirín beag óna cosa is thugadh leis é
ar a chuairt laethúil
chuig an bhfarraige.
Na seanchnámha a bhí ceithre scór de bhlianta d'aois
ag lúbadh go gíoscánach
faoi mheáchan cleite an ghasúir.
Rabhadh na máthar i gcluasa an tseanfhir, an gasúr a choinneáil
ón uisce.

Lean sí go socair iad, lá, le go dtumfadh sí a cosa sa sáile.
Agus líon a colainn le mórtas is thug buíochas do Dhia na Glóire is
do chiall cheannaithe
an tseanfhir.
Nuair a chonaic sí an lámh bheag ag tarraingt lámh an tseanduine
is chuala an rabhadh údarásach
*You heard what Mammy said, don't go near the water, don't go too
near the water, Dan.*

An bhFuil Mo Ghairdín Glas?

Cé mar tá mo spéirbhean álainn
a dtug mé grá di ar feadh mo shaoil?
An bhfuil an gairdín síorghlas glas i gcónaí
mar a bhí i m'aisling, b'in mo mhian?

Cén chaoi a bhfuil mo Ros na gCaorach
ar chiumhais na hÉireann, údar bróid?
An bhfuil Peaitín Pháraic ag tabhairt feasa fós
théis aifreann an Ghoirt Mhóir?

Bríd Ní Mhainnín, mo Bhríd na nAmhrán,
ar fhág sí spré ag girseach óg?
Agus Sean-Mhaitias, cara na bpáistí,
an bhfuil a chnámha i gCill Bhriocáin, nó i gCill Eoghain?

An mbíonn fleá i gcónaí i scoil an Turlaigh?
Bheadh Nóra Chóil Labhráis anois faoi sheol.
Dá mbeadh fear Bhleá Cliath ansin i gcónaí
an mbeadh athrú mór i measc an tsló?

An bhfuil Teach an Mháistir ina sheasamh láidir
is mo theaichín féin faoi chíb as Scríb?
An bhfuil na malraigh ag spraoi is ag gáirí?
An bhfuil uisce Eiliúrach glan is fíor?

Is cuimhin libh Eoghainín beag na n-éan.
D'imigh seisean i bhfad i gcéin.
An bhfuil máthair fós ag súil le fáinleog
a dhéanfas nead is a inseos scéal?

Céard faoin ngadaí, an choir a rinne?
Bhí sé neamhchiontach, bhí sé óg.
Agus an t-ábhar sagairt a bhíodh ag aithris,
an bhfuil seisean ina easpag fós?

An bhfuil an t-iolar mór ar Charraig an Chapaill
an gealbhan is an chéirseach ag seinm ceoil?
An bhfuil an taibhse ag taibhsiú ag Cnoc an Leachta?
An bhfuil Doire an Bhainbh, Inbhear, is Snámh Bó beo?

An Ghaeilge bhreá sin a bhí ag mo chairde,
sa dúthaigh álainn, an bhfuil láidir fós?
Nó an bhfuil Béarla Sasain is Fraincis Fraince
agus nithe coimhthíocha ag plúchadh na seoid'?

Mar tá guth beag bídeach i bhfíorchúl m'intinne
go síoraí ag fiafraí an bhfuil mo spéirbhean ghleo'.
Ar nós an tsrutháin ag dul le fána,
ní chasann an t-uisce ar ais go deo!

Nuair a sheas muid cróga, droim le balla,
piléir mharfach' san aer inár dtreo,
an smaoineamh deireanach im chroíse an t-am sin
go mbeadh garraí spéirmhná glas go deo.

An áilleacht scanrúil a gineadh an lá úd
as fuil mo chairde, ar fhás sí mór?
I gCnoc an Arbhair le linn Cásca
an mbíonn feara Fáil ann ag tabhairt ómóis?

Nár lige cách go mbeadh ar ball Bean Sléibhe aríst ag caoineadh.
Ag dearcadh ar phictiúr seachtar laoch, an seachtar siúd a shínigh,
agus scríofa ar gcúl, as amharc súl,
an tSeapáin, tír a dhéanta.